AF268290

RÉPONSE

DE

M. PASQUES

Ancien gérant des verreries de Blanzy,

A LA LETTRE DE M. CHAGOT

Insérée dans l'ÉCHO SPARNACIEN

Du 7 mars 1866.

———— ∞(•)∞ ————

ÉPERNAY

IMPRIMERIE NOEL-BOUCART, RUE DES FUSILIERS, 32

—

1866

A MES LECTEURS

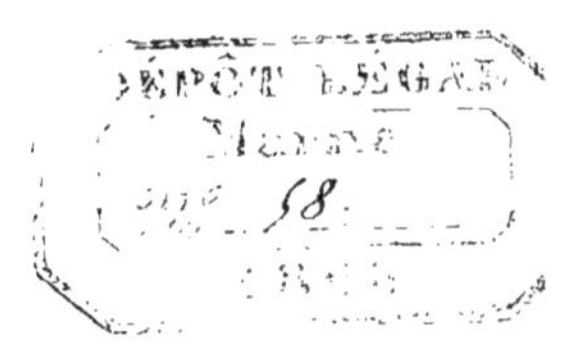

Épernay, le 15 mars 1866.

Pour repousser les attaques dirigées contre moi dans l'ombre par des gens qui avaient sans doute un intérêt direct à nuire au projet que je nourrissais depuis un an, d'ériger une Verrerie à bouteilles sur le territoire de la ville d'Épernay, et auquel je m'étais complètement livré dès le mois d'août 1865, j'ai cru devoir publier dans l'**Écho Sparnacien** quelques lettres adressées tant à une maison honorable d'Épernay qu'à moi-même, dans le but de faire bien connaître mes antécédents.

M. Chagot employant comme intermédiaires entre le journal et lui, les concurrents qui ont profité de mon absence du mois d'octobre pour enfanter un autre projet, a cru devoir sommer le rédacteur d'insérer sa réponse à l'une de ces lettres.

Cette réponse concernant des faits et des appréciations que je repousse, je me vois dans la nécessité de protester énergiquement en rendant à ces faits et appréciations leur véritable caractère.

Les lecteurs apprécieront.

RÉPONSE A M. CHAGOT

Vous me reprochez de n'avoir ni mérite commercial, ni mérite administratif, et vous m'accordez à peine celui de fabricant, tout en constatant un certain nombre d'années de prospérité que, par sentiment de modestie, vous vous attribuez, sous le prétexte que j'étais soumis à vos ordres immédiats.

Pour bien apprécier la valeur de vos dires, voyons ce qui s'est passé dans vos verreries avant moi, ou pour être plus vrai, avant ma direction.

La verrerie de Lamotte fut fondée par M. de Poilly. En 1826 ou 1828, elle fut mise en société anonyme au capital de 1,050,000 francs. Vous en fûtes le directeur sous le titre d'administrateur-délégué ; cependant la liquidation eut lieu en 1836, et les actionnaires perdirent tout.

En 1839, il y eut fusion entre Lamotte, Blanzy et Digoin, sous le régime de la commandite. Le capital était de 1,500,000 francs ; vous fûtes l'un des gérants, et cependant la liquidation qui eut lieu fit encore tout perdre aux actionnaires. Les gérants furent même obligés de rapporter 40 à 45,000 francs pour parfaire la liquidation.

J'ai assisté à ces ruines de 1834 à 1842, n'ayant dans les usines qu'un rôle passif, puisque je n'y étais attaché que comme régisseur-caissier à mes débuts, et ensuite comme directeur de la petite verrerie de Digoin, soumis aux ordres du directeur de Lamotte.

Il est inutile que je retrace ici les ruines propres à la verrerie de Blanzy avant la fusion dont je viens de parler, la lettre de M. Venot les ayant assez mises au jour.

J'entrais à Blanzy au mois de novembre 1842, et dirigeais la verrerie pour le compte de la dernière liquidation, dont du reste vous m'aviez chargé, jusqu'au mois de juillet 1847. Au moyen des bénéfices que je fis pendant cette période, la liquidation fut ce que j'ai dit plus haut, et sans eux les gérants eussent été obligés de rapporter plus de *cent mille francs* au lieu de 40 à 45 qu'ils rapportèrent.

Au mois d'août 1847, il y eut une nouvelle société sous le régime d'association civile, dont je fus le directeur jusqu'en 1856. Pendant ces neuf années, il y eut constamment et sans interruption des bénéfices. Vous les portez en moyenne à 13 pour 100, ce que j'accepte, n'ayant pas les moyens de contrôle, puisque vous avez en votre possession mon Livre de Délibérations, sur lequel j'aurais pu puiser des renseignements. Je crois devoir faire remarquer que dans cette période se trouvent comprises les années déplorables, par rapport aux affaires, de 1848 et 1849.

En 1856, pour faciliter les embarras causés par la mort d'un des associés, on mit la société en commandite, dont je fus le gérant jusqu'au 31 juillet 1859, soit trois années. La moyenne des bénéfices de ces trois années a été de 13 francs 14 centimes par 100 francs du capital engagé, bien que l'année 1858 n'ait donné que 8 francs 97 centimes pour 100.

Au 1ᵉʳ août 1859, la commandite fut continuée sous ma gérance, et le capital porté à 500,000 francs, par suite de l'achat de l'usine de Lamotte. Au 31 juillet 1860, les bénéfices furent de 17 francs 39 centimes pour 100 du capital, et au 31 juillet 1861, de 6 francs 36 centimes pour 100. On était alors au commencement de la crise causée par la guerre d'Amérique.

Voici donc une période de cinq années pendant lesquelles je devais être omnipotent, et partant chargé des ventes et achats comme de la fabrication, et bien que vous me refusiez toute aptitude commerciale, j'ai su donner des bénéfices constants.

Si, à cette période, on ajoute les années antérieures, on voit que pendant dix-neuf années j'ai su gagner de l'argent là où tous mes prédécesseurs en avaient perdu. Je le dis bien haut, *je suis le seul, oui, le seul,* qui ait su tirer parti de ces usines, malgré leur infériorité de position.

De 1862, époque de la crise américaine, et de la baisse considérable des prix de vente qui en fut la conséquence, il n'y eut plus de bénéfice, et comme j'avais été contraint de faire des constructions pour installer mes ouvriers qui ne trouvaient plus à se loger à Saint-Bérain par suite du nombre considérable d'étrangers que les travaux du chemin de fer avaient amenés en cette commune, il en résulta que le fonds de roulement fut beaucoup trop restreint. De là des comptes-courants onéreux, dont j'ai parfaitement expliqué les causes dans mes rapports au conseil de surveillance et aux assemblées générales.

Mon rapport au conseil de surveillance, dont vous étiez président, du 23 juillet 1862, rend suffisamment compte de cette situation. Or, pourquoi vous, Monsieur, à qui je reconnais une très-haute capacité, n'avez-vous pas indiqué les mesures à prendre pour remédier au mal; c'était cependant votre devoir.

Au mois de novembre 1862, qu'alors indisposé je travaillais chez moi, vous vîntes me voir pour m'entretenir de la prochaine assemblée générale des actionnaires et du rapport à présenter à cette assemblée; je vous parlais de nouveau de la situation, et je vous proposais de nous mettre d'accord pour demander aux actionnaires la création de nouvelles actions, ou, à défaut, des obligations. Pourquoi avez-vous repoussé cette proposition si rationnelle ?

Je revins sur cette proposition en 1863 et 1864 sans plus de succès. Vous le savez bien, Monsieur, et tout le monde comprendra, qu'une proposition aux actionnaires doit avoir l'assentiment du conseil pour avoir chance de succès.

Lorsqu'au mois de décembre 1864, vous vous fûtes décidé à faire la proposition, c'était trop tard : les actionnaires l'ont tellement compris, que les souscriptions n'atteignirent pas la moitié de la demande. La liquidation était donc indispensable; pourquoi avez-vous remis la réunion des actionnaires après la clôture de la session législative quand je les avais convoqués pour le 12 avril, n'ayant pu vous amener à cette liquidation dans l'assemblée du 8 février. Pourquoi? votre conscience, à laquelle je fais appel, y répondra.

On me dit, et vous le dites vous-même, Monsieur, vous étiez gérant et deviez agir; mais vous oubliez qu'un gérant sans son conseil ne peut rien faire, et si on veut bien se reporter à ma position antérieure à la gérance, on comprendra combien je devais avoir de déférence pour vous, qui exerciez, comme cela devait être, une très-grande influence sur moi, pour ne pas dire plus. Elle est du reste tellement notoire, malgré vos dénégations, que l'opinion publique locale est là pour en justifier.

Si elle n'eût pas existé, pourquoi m'auriez-vous imposé des employés incapables, et pourquoi, quand je les congédiais, veniez-vous me demander de leur accorder un nouveau temps d'épreuves, et pourquoi vous érigiez-vous en arbitre chaque fois qu'il y avait une difficulté à résoudre avec un employé.

Si vous m'aviez laissé l'organisation que j'avais créée à Lamotte, en confiant l'usine à un contre-maître que je surveillais de près, on eût tiré un meilleur parti de cette affaire qu'on ne l'a fait avec le directeur que vous m'avez imposé. En effet, je trouve dans mes documents qu'avec le contre-maître, les prix de revient n'ont pas dépassé 12 fr. 74 c, par 100 bouteilles, tandis qu'avec le directeur, ils atteignirent 14 fr. 30 c.

Parlerai-je des dommages que les goudrons de gaz que vous aviez laissés dans les magasins situés au-dessous de la poterie nous ont causés? Non! vous les connaissez, et la correspondance de mes agents en fait foi; seulement je note que ces goudrons, qui devaient être enlevés en 1860, ne l'ont été qu'en 1865.

En niant à M. Vénot, comme vous l'avez fait, sa qualité de banquier; en disant qu'il n'est connu que par *certains prêts d'argent*, vous avez oublié que M. Vénot a eu dans le temps avec la verrerie de Lamotte un compte-courant pour des négociations, et il en faisait bien d'autres avec les mines des Crépins, du Ragny, etc., etc. Je ne cite que cela, car il est homme à se défendre, et sa patente à la main, saura bien le faire par les voies de la justice au besoin. Seulement, je nie que je sois pour rien dans la rédaction de sa lettre; les faits cités par lui sont trop publics pour que mon intervention ait été nécessaire.

En rappelant les lettres que j'ai fait insérer dans le journal, vous indiquez celle du maire de Blanzy sous le qualificatif d'un fermier. Vous oubliez que ce fermier a obtenu très-jeune ses diplômes de bachelier, et que si, en faisant valoir ses propriétés, il en exploite d'autres, il n'y a point de honte à cela. Il jouit d'assez d'estime dans le pays pour avoir été élu membre du conseil à une assez grande majorité aux dernières élections, et par suite nommé maire.

Vous affirmez que l'usine de Lamotte n'a pas été reprise pour favoriser la mine de Saint-Bérain. A cela, je réponds que c'est inexact et que cette verrerie m'a été imposée lorsque, ne pouvant plus suffire à ma clientèle, je demandais la construction de nouveaux fours à Blanzy. Voyons la situation de cette mine.

Avant la reprise de cette usine de Lamotte, la mine de Saint-Bérain était dans la position suivante, que je puise dans vos propres rapports.

Au 31 juillet 1858, un stock en magasin, de 87,151 hectolitres de charbon, bien que n'ayant qu'une extraction de 50 mille environ par année.

Au 31 juillet 1859, l'extraction d'un an avait été de 57,204 hectolitres qui lui coûtaient 86,796 francs 17 centimes, soit un prix de revient par hectolitre de 1 franc 51 centimes, tandis qu'on vendait 1 franc 07 centimes en moyenne.

Au 31 juillet 1860, l'extraction avait été de 84,100 hectolitres, et le stock était ramené à 16,379 hectolitres.

Au 31 juillet 1864, l'extraction avait été de 203,856 hectolitres, et le stock presque nul.

Comment nier l'influence de la verrerie de Lamotte qui, outre ce qu'elle consommait, était une réclame constante dont on savait tirer parti.

Ce n'est qu'en 1864 que les verreries de Chagny et Chalon sont venues prendre à cette mine une très-petite partie de leurs besoins.

Vous dites que vous m'avez rendu de très-grands services; quels sont-ils? je ne les connais pas, si ce n'est de m'avoir accueilli chez vous. Parmi ces services, faut-il compter la lettre de votre liquidateur, du 5 janvier, qui a été écrite dans un but prévu, et à laquelle vous ne devez pas être étranger ; *je serais heureux d'apprendre le contraire.* Il y a eu services rendus, mais ce sont ceux que j'ai rendus à vos verreries en les sortant de l'ornière, et en refusant pour y rester les positions qui m'étaient offertes, notamment la direction de Folembray après la mort de M. Delage, ce que je puis prouver par lettres en ma possession.

Vous me dites, Monsieur, que par intérêt pour moi, vous avez voulu éviter la faillite de ma société, et partant la mienne. Si cela était exact, ce serait là un service et je n'aurais qu'à vous en remercier ; mais il n'en est pas ainsi.

Les premiers jours de septembre 1865, lorsque vous vintes chez moi, alors qu'une assez grave maladie m'avait ôté force et énergie, vous vous laissâtes aller à des insultes indignes de vous, *vous les avez regrettées, je le crois*; mais poussé à bout et ne voulant pas consentir à ce que vous prétendiez exiger de moi, je vous dis : La faillite, faites-la déclarer; si vous ne le faites pas, je le ferai moi-même, car ce sera un moyen pour moi de faire fortune. En effet, si cela eût eu lieu, j'aurais très-facilement obtenu un concordat qui m'eût laissé la propriété des usines au lieu de leur vente à vil 'prix, et j'aurais certainement trouvé, avec ma réputation très-connue de capacité et de probité, des bailleurs de fonds ; mais la fortune dans de pareilles conditions ne me convenait pas, et j'ai laissé passer; malgré cela, cette situation, Monsieur, n'avait rien de déshonorant et je me serais trouvé, vous le savez, en très-bonne compagnie, car bien des gens ont eu recours à ce procédé pour se sauver d'une situation fâcheuse. Donc point n'est besoin de faire sonner cet acte si haut. Croyez-vous, Monsieur, qu'en cas de faillite, vous eussiez trouvé des gens qui eussent fait ce que le liquidateur votre employé a fait en évaluant le matériel de quatre fours à huit places, soit trente-deux pots, 23,000 francs, ce que vous aviez vous-même évalué, lors de la mise de la société en commandite de la verrerie de Blanzy, à 17,584 francs 75 centimes pour deux fours à six places, soit douze pots. Tirez de ce fait la conséquence que vous voudrez ; pour moi je m'en abstiens.

Vous me reprochez encore d'avoir créé de nombreuses maisons de vente ; mais vous oubliez que c'est dans la période de 1847 à 1856, où vous vous étiez réservé, comme vous le dites, l'administration, que la plus grande partie de ces maisons de vente a été créée ; or vous aviez donc ou accepté ou indiqué vous-même cette voie. Ceci est tellement vrai, que ces maisons pour la plupart étaient tenues par vos employés de la mine. Ce reproche est donc aussi mal fondé que les autres, et je le repousse.

Quand vous parlez des ventes à longs termes, vous oubliez que vous vous adressez à un pays où elles ont lieu ainsi, et vous devriez reconnaître qu'en agissant comme je l'ai fait, ce n'était que pour rétablir la réputation de nos produits en Champagne, seul marché offrant des bénéfices certains et continus.

Vous me reprochez encore les faillites qui ont grevé notre situation ; mais vous oubliez qu'elles sont les résultats de ventes faites par des agents maladroits, mais non de ventes faites directement par l'usine. La faillite la plus importante que j'aie éprouvée dans le cours de ma carrière industrielle, est celle de Paris. Or, à l'époque où elle eut lieu, c'était l'un de vos employés qui faisait mes ventes à Paris, soit à la commission, soit à appointements fixes.

Je borne là ma réponse déjà trop longue, me réservant de donner plus de détails encore, si besoin est.

PASQUES.

Épernay. — Typ. Noël-Boucart.

99

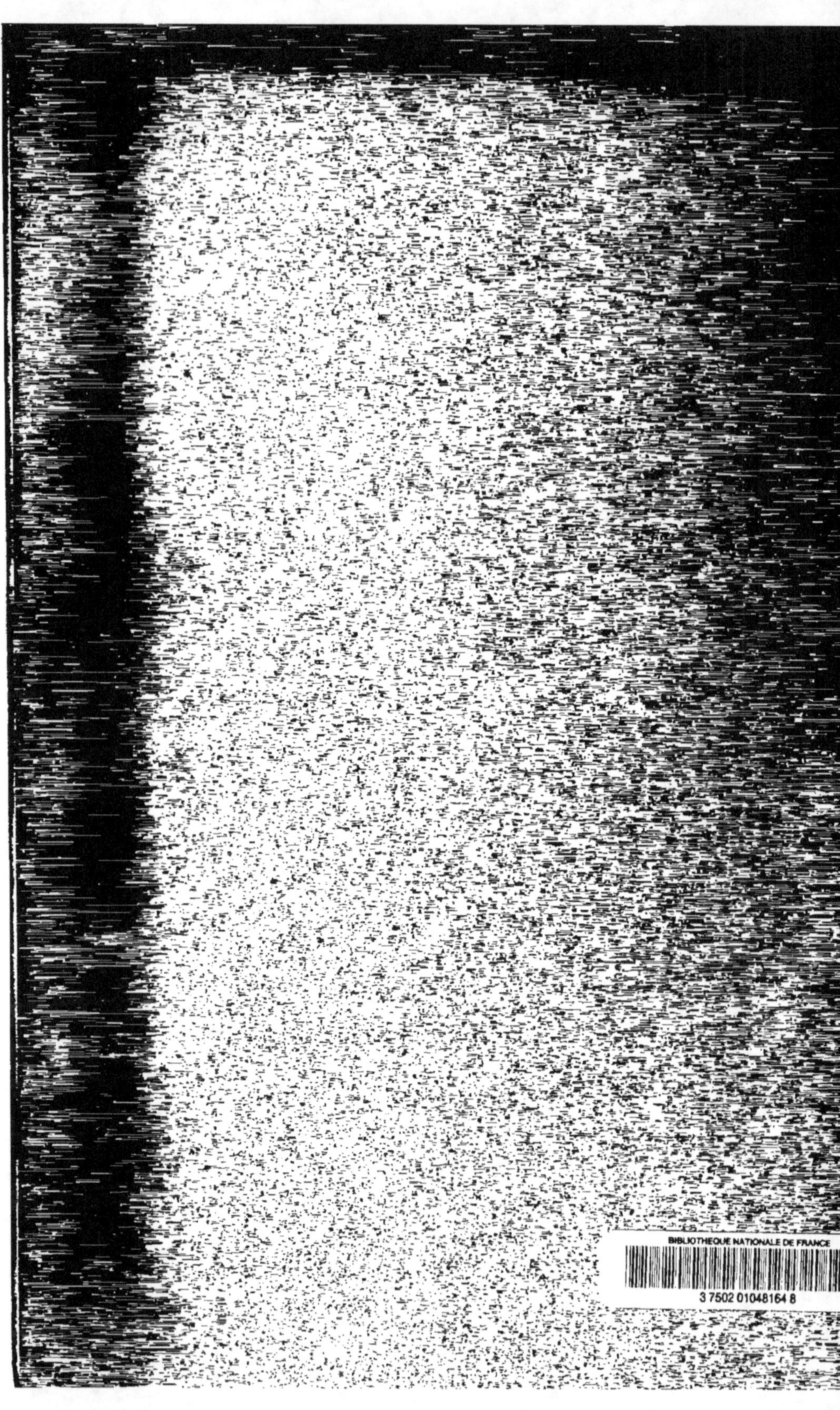